Impressum
Verlag: BABADADA GmbH, Nedderfeld 112 , 22529 Hamburg
Geschäftsführer / Verlagsleitung: Harald Hof
Druck: Books on Demand GmbH, In de Tarpen 42, 22848 Norderstedt

Imprint
Publisher: BABADADA GmbH, Nedderfeld 112 , 22529 Hamburg, Germany
Managing Director / Publishing direction: Harald Hof
Print: Books on Demand GmbH, In de Tarpen 42, 22848 Norderstedt, Germany

ትምህርት ቤት

xue xiao

መማሪያ ክፍል
jiao shi
ማካፈል
chu
186/2
ሰሌዳ
hei ban
xiao yuan
መምህር
lao shi
ወረቀት
zhi
መፃፍ
shu xie
እስክሪብቶ
gang bi
መፃፊያ ጠረጴዛ
ban gong zhuo
ማስመሪያ
zhi chi
መጽሐፍ
shu
ተማሪ
xue sheng

የጀርባ ቦርሳ

shu bao

የእርሳስ መያዣ

qian bi he

እርሳስ

qian bi

የእርሳስ መቅረጫ

juan bi dao

ላጲስ

xiang pi ca

የስዕል ደብተር

hua ban

ስዕል
……………
tu hua

የቀለም ብሩሽ
……………
hua bi

የቀለም ሳጥን
……………
yan liao he

መቀስ
……………
jian dao

ማጣበቂያ
……………
jiao shui

መልመጃ ደብተር
……………
lian xi ce

የቤት ስራ
……………
jia ting zuo ye

ቁጥር
……………
shu zi

መደመር
……………
jia

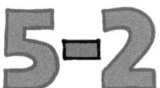

መቀነስ
……………
jian

ማባዛት
……………
cheng

ቁጥሮችን ማስላት
……………
ji suan

ደብዳቤ
……………
zi mu

ፊደላት
……………
zi mu biao

ቃል
……………
zi

ፅሑፍ

ke wen

ማንበብ

du

ጠመኔ

fen bi

ትምህርት

shang ke

ምዝገባ

deng ji

ፈተና

kao shi

ሰርተፊኬት

zheng shu

የትምህርት ቤት የደንብ ልብስ

xiao fu

ትምህርት

jiao yu

አዉደ ጥበብ

bai ke quan shu

ዩኒቨርስቲ

da xue

የምርምር አጉሊ መሳርያ

xian wei jing

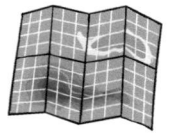

ካርታ

di tu

የቆሻሻ ወረቀት መጣያ ቅርጫት

fei zhi kuang

ጉዞ

lü xing

ሆቴል
jiu dian
ማረፊያ ቤት
የዉጭ ገንዘብ ምንዛሪ ቢሮ
wai bi dui huan chu
ልብስ መያዣ ሻንጣ
shou ti xiang
መኪና
qi che

ቋንቋ

yu yan

አዎ/ አይደለም

shi/fou

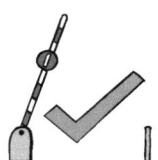

እሺ

hao de

ሰላም

nin hao

አስተርጓሚ

fan yi yuan

አመሰግናለሁ

xie xie

ስንት ነዉ.......?

......duo shao qian?

አልገባኝም

wo bu ming bai

እክል

wen ti

እንደምን አመሹ!

wan shang hao!

እንደምን አደሩ!

zao shang hao!

መልካም ምሽት!

wan an!

ደህና ይሰንብቱ

zai jian

አቅጣጫ

fang xiang

ሻንጣ

xing li

ቦርሳ

bao

የጀርባ ቦርሳ

shuang jian bao

እንግዳ

ke ren

ክፍል

fang jian

የመተኛ ቦርሳ

shui dai

ድንኳን

zhang peng

የጎብኚዎች መረጃ

lü you xin xi

የባህር ዳርቻ

hai tan

ክሬዲት ካርድ

xin yong ka

ቁርስ

zao can

ምሳ

wu can

እራት

wan can

ቲኬት

piao

አሳንስር

dian ti

ማህተም

you piao

ድንበር

bian jie

ባህሎች

hai guan

ኤምባሲ

da shi guan

ቪዛ/የይለፍ ወረቀት

qian zheng

ፓስፖርት

hu zhao

መጓጓዣ

jiao tong yun shu

አዉሮፕላን
fei ji
መርከብ
chuan
የእሳት አደጋ መኪና
xiao fang che
አዉቶብስ
የጭነት መኪና
ka che
የሞተር ጀልባ
qi ting
ብስክሌት
zi xing che
መኪና
qi che

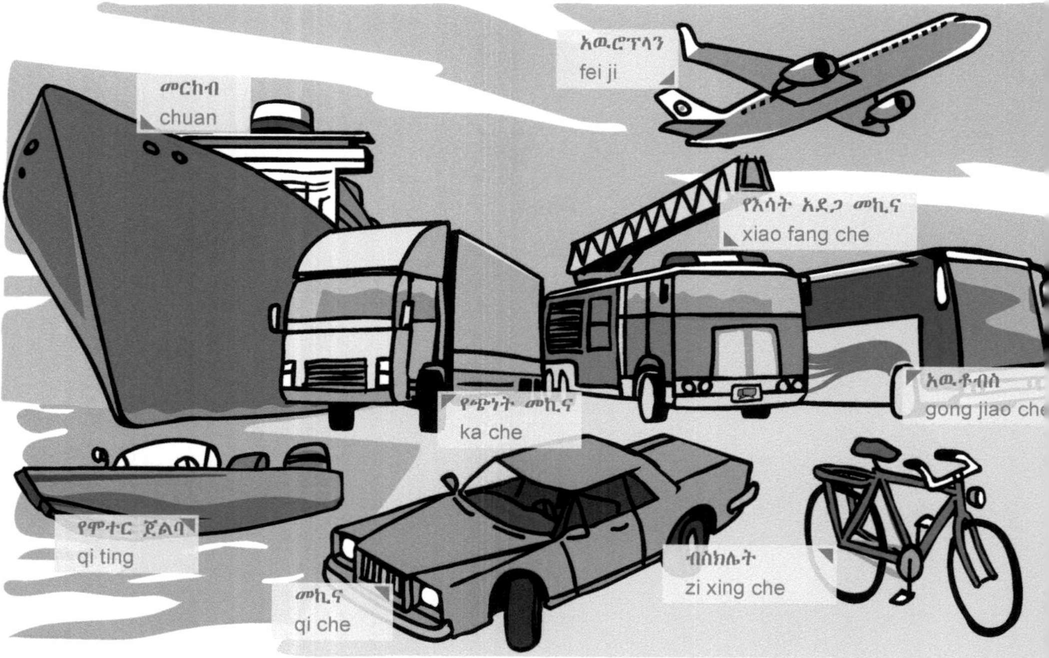

የማመላለሻ ጀልባ

bai du chuan

ጀልባ

xiao chuan

የሞተር ብስክሌት

mo tuo che

የፖሊስ መኪና

jing che

የዉድድር መኪና

sai che

የኪራይ መኪና

zu che

የመኪና መጋራት

....

pin che

ጎታች መኪና

....

tuo che

የቆሻሻ ጭነት መኪና

....

la ji che

ሞተር

....

fa dong ji

ነዳጅ

....

qi you

የቤንዚን ማደያ

....

jia you zhan

የመንገድ ምልክት

....

jiao tong biao zhi

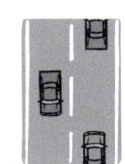

የመኪኖች እንቅስቃሴ

....

jiao tong

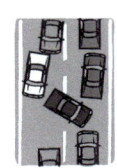

የመኪና መጨናነቅ

....

jiao tong du sai

የመኪና ማቆሚያ

....

ting che chang

የባቡር ጣቢያ

....

huo che zhan

የባቡር ሀዲዶች

....

gui dao

ባቡር

....

huo che

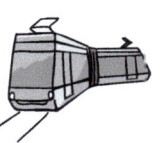

የኤሌክትሪክ ባቡር

....

dian che

ሰረገላ

....

huo che

ሄሊኮፕተር
zhi sheng ji

አየር ማረፊያ
ji chang

ማማ
ta

መንገደኛ
cheng ke

ማስቀመጫ፤ ማጠራቀሚያ
ji zhuang xiang

ካርቶን እቃ ማሸጊያ
zhi ban xiang

ጋሪ፤ ተሳቢ
shou tui che

ቅርጫት
lan zi

መነሳት/ ማረፍ
qi fei/jiang luo

ከተማ

cheng shi

መንደር
cun zhuang

የከተማ ማዕከል
shi zhong xin

ቤት
fang zi

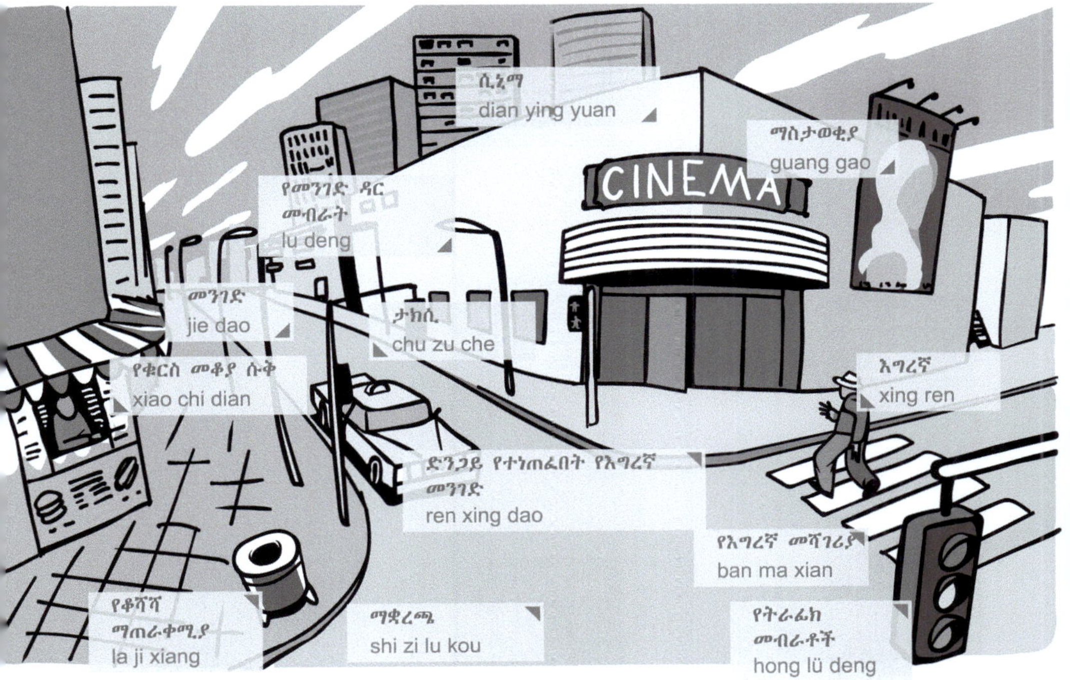

ሲኒማ
dian ying yuan

ማስታወቂያ
guang gao

የመንገድ ዳር
መብራት
lu deng

መንገድ
jie dao

ታክሲ
chu zu che

እግረኛ
xing ren

የቁርስ መቆያ ሱቅ
xiao chi dian

ድንጋይ የተነጠፈበት የእግረኛ
መንገድ
ren xing dao

የእግረኛ መሻገሪያ
ban ma xian

የቆሻሻ
ማጠራቀሚያ
la ji xiang

ማቋረጫ
shi zi lu kou

የትራፊክ
መብራቶች
hong lü deng

ጎጆ
xiao wu

አፓርታማ
gong yu

የባቡር ጣቢያ
huo che zhan

የከተማ አዳራሽ
shi zheng ting

ቤተ መዘክር
bo wu guan

ትምህርት ቤት
xue xiao

ከተማ - cheng shi

11

ዩኒቨርስቲ
da xue

ባንክ
yin hang

ሆስፒታል
yi yuan

ሆቴል
jiu dian

መድሐኒት ቤት
yao fang

ቢሮ
ban gong shi

መፅሐፍ መሸጫ
shu dian

ሱቅ
shang dian

የአበባ መሸጫ
hua dian

የሸቀጣ ሸቀጥ መደብር
chao shi

ገበያ ስፍራ
shi chang

መደብር
bai huo shang dian

የዓሳ ነጋዴ
yu dian

የገበያ ማዕከል
gou wu zhong xin

ወደብ
hai gang

መናፈሻ ቦታ

gong yuan

አግዳሚ ወንበር

chang deng

ድልድይ

qiao

ደረጃዎች

lou ti

ዉስጥ ለዉስጥ

di tie

ዋሻ

sui dao

የአዉቶቡስ ፌርማታ

gong jiao che zhan

ባር

jiu ba

ምግብ ቤት

can guan

የፖስታ ሳጥን

you tong

የመንገድ ምልክት

lu biao

የመኪና ማቆሚያ ሒሳብ የሚያሰላ ማሽን

ting che ji shi qi

የዱር እንስሳት ማቆያ

dong wu yuan

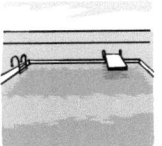

የመዋኛ ገንዳ

you yong guan

መስጊድ

qing zhen si

እርሻ

nong chang

የሚበክል ነገር

wu ran

መቃብር ስፍራ

mu di

ቤተ ክርስቲያን

jiao tang

መጫወቻ ሜዳ

cao chang

ቤተ መቅደስ

si miao

መልከዓምድር
di xing

ቅጠል
shu ye

የመንገድ ላይ ምልክት
zhi shi pai

መንገድ
lu

አረንጓዴ መስክ
cao di

ድንጋይ
shi tou

ዛፍ
shu

በእግሩ የሚጓዝ
tu bu lü xing zhe

ወንዝ
he

ሳር
cao

አበባ
hua

ሸለቆ

xia gu

ኮረብታ

shan

ሀይቅ

hu

ጫካ

sen lin

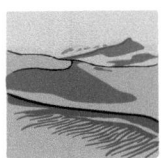

በረሃ

sha mo

እሳተ ገሞራ

huo shan

ግምብ

cheng bao

ቀስተ ዳመና

cai hong

እንጉዳይ

mo gu

የቴምብር ዛፍ/ ዘንባባ

zong lü shu

ቢንቢ/ የወባ ትንኝ

wen zi

በራሪ

cang ying

ጉንዳን

ma yi

ንብ

mi feng

ሸረሪት

zhi zhu

ጢንዚዛ

jia chong

እንቁራሪት

qing wa

ሽኮኮ

song shu

ጃርት

ci wei

ጥንቸል

ye tu

ጉጉት ወፍ

mao tou ying

ወፍ

niao

የዉሃ ዳክዬ

tian e

ከርከሮ

ye zhu

አጋዘን

lu

አጋዘን

mi lu

ግድብ

shui ba

በነፋስ የሚሽከረከር

feng li fa dian ji

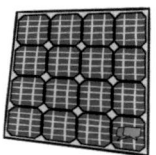

የፀሀይ ፓኔሎ

tai yang neng dian chi ban

አየር ንብረት

qi hou

አስተናጋጅ
fu wu yuan

ጣፊጫ
cai dan

ወንበር
yi zi

ርባ
tang

ፒዛ
pi sa bing

መክተፊያ
can ju

ጠረጴዛ ጨርቅ
zhuo bu

ምግብ ፍላጎትን ሚከፍት
···ምግብ···
qian cai

ዋና ምግብ
zhu cai

ጣጣሚያ ተከታይ ምግብ
tian dian

መጠጦች
yin liao

ምግብ
shi wu

ጠርሙስ
ping zi

ፈጣን ምግብ

kuai can

የመንገድ ምግብ

jie bian xiao chi

የሻይ ማንቆርቆሪያ

cha hu

የስኳር እቃ

tang he

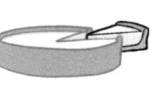

ድርሻ

yi fen fan cai

የቡና ማፊያ ማሽን

yi shi ka fei ji

ባለጌ ወንበር

gao jiao yi

የክፍያ ደረሰኝ

zhang dan

ትሪ

tuo pan

ቢላዋ

dao

ሹካ

can cha

ማንኪያ

shao zi

የሻይ ማንኪያ

cha chi

ልብስ ምግብ እንዳይነካ የሚረዳ ጨርቅ

can jin

ብርጭቆ

bo li bei

18

ምግብ ቤት - can guan

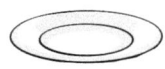

ዝርግ ሰሀን

die zi

የሾርባ ጎድጓዳ ሰሀን

tang pan

የስኒ ማስቀመጫ

die zi

ማጣፈጫ ስጎ

jiang

የጨዉ እቃ

yan ping

የተፈጨ ቃሪያ

hu jiao mo

ኮምጣጤ

cu

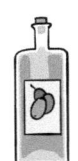

የምግብ ዘይት

shi yong you

ቀመማ ቅመሞች

tiao wei liao

የቲማቲም ድልህ

fan qie jiang

ሰናፍጭ

jie mo

ማዮኒዝ

dan huang jiang

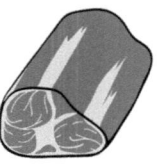

የሸቀጣ ሸቀጥ መደብር

chao shi

ልዩ አቅራቦት
te jia
FOR
ደምበኛ
gu ke
የወተት ተዋፅዖ
ru zhi pin
ፍራፍሬ
shui guo
ባለ ጎማ የእጅ ጋሪ
gou wu che

ሉካንዳ ነጋዴ

rou pu

መጋገርያ

mian bao fang

ክብደት መመዘን

cheng zhong

ቅጠላ ቅጠል አትክልት

shu cai

ስጋ

rou

የቀዘቀዘ/የረጋ ምግብ

leng dong shi pin

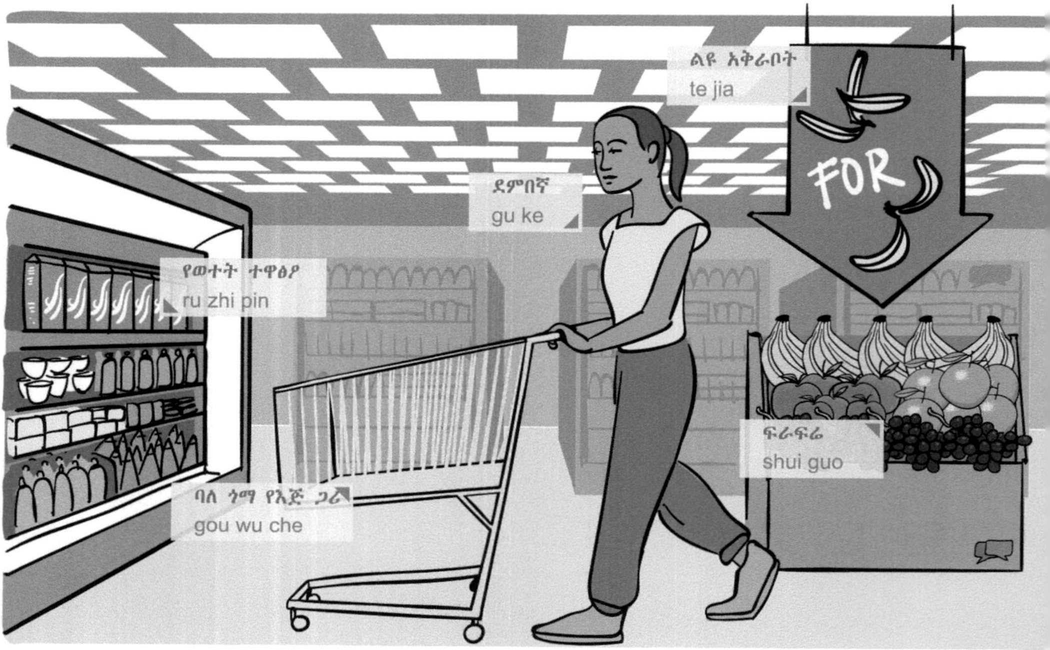

ቀዝቃዛ ቁራጭ
....
leng pan

የታሸገ ምግብ
....
guan tou shi pin

የማጠቢያ ዱቄት
....
xi yi fen

ጣፋጮች
....
tian shi

የቤት ዉስጥ ዉጤቶች
....
ri yong pin

የፅዳት ምርቶች
....
qing jie yong pin

የሽያጭ ባለሙያ
....
xiao shou yuan

የገንዘብ መመዝቢያ ማሽን
....
shou yin ji

የሒሳብ ሰራተኛ
....
shou yin yuan

የግዢ ዝርዝር
....
gou wu qing dan

ክፍት ሰዓታት
....
kai fang shi jian

የኪስ ቦርሳ
....
qian bao

ክሬዲት ካርድ
....
xin yong ka

ቦርሳ
....
dai zi

የፕላስቲክ ቦርሳ
....
su liao dai

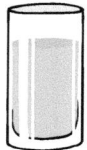

መጠጦች
yin liao

ውሃ

shui

ጭማቂ

guo zhi

ወተት

niu nai

ኮካ-ኮላ

ke le

ወይን

hong jiu

ቢራ

pi jiu

አልኮል

jiu

ኮካ

ke ke

ሻይ

cha

ቡና

ka fei

የተፈላ ቡና

yi shi nong suo ka fei

ካፑቺኖ

ka bu qi nuo

ሙዝ

....

xiang jiao

ፖም

....

ping guo

ብርቱካን

....

cheng zi

ሀብሀብ

....

xi gua

ሎሚ

....

ning meng

ካሮት

....

hu luo bo

ነጭ ሽንኩርት

....

da suan

ሸምበቆ

....

zhu zi

ቀይ ሽንኩርት

....

yang cong

እንጉዳይ

....

mo gu

ለዉዝ

....

jian guo

የህፃናት ምግብ

....

mian tiao

ፓስታ

yi da li mian tiao

ሩዝ

mi fan

ሰላጣ

sha la

የድንች ጥብስ

shu tiao

ድንች ጥብስ

zha tu dou

ፒዛ

pi sa bing

ዳቦ ዉስጥ በስሱ ተጠብሶ የገባ ስጋ

han bao bao

ሳንድዊች

san ming zhi

ጥሬ ስጋ

zha zhu pai

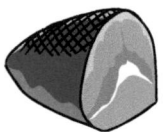

የአሳማ ስጋ

huo tui

በቅመምና በጨዉ የታሸ ምግብ ቀዝቅዞ የሚበላ ሾርባ ምግብ

sa la mi

ቋሊማ

xiang chang

ዶሮ

ji rou

ጥብስ

kao rou

አሳ

yu

የአጃ ገንፎ

yan mai pian

ከወተት ጋር ተደባልቀዉ የሚበሉ ...ምግቦች...

mu zi li

የበቆሎ ቅርፊት

yu mi pian

ዱቄት

mian fen

ኩራሳ

yang jiao mian bao

ድብልብል ዳቦ

mian bao juan

ዳቦ

mian bao

መጥበስ

kao mian bao

ብስኩት

bing gan

ቅቤ

huang you

እርጎ

ning ru

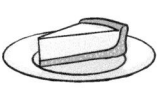

ኬክ

dan gao

እንቁላል

dan

እንቁላል ጥብስ

jian dan

አይብ

nai lao

የበረዶ ክሬም

bing ji lin

ስኳር

tang

ማር

feng mi

ማርማላት

guo jiang

የተናጠ የወተት ክሬም

qiao ke li jiang

ማጣፈጫ

ga li fan

እርሻ
nong chang

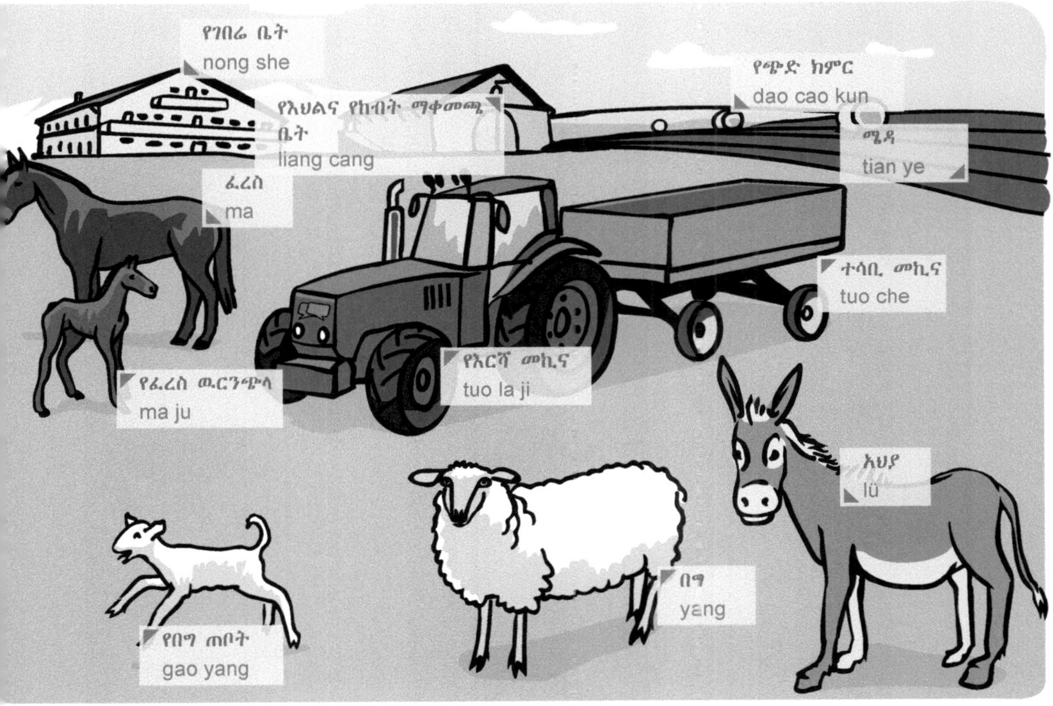
የገበሬ ቤት
nong she
የእህልና የከብት ማቀመጫ ቤት
liang cang
የጭድ ክምር
dao cao kun
ሜዳ
tian ye
ፈረስ
ma
ተሳቢ መኪና
tuo che
የእርሻ መኪና
tuo la ji
የፈረስ ውርንጭላ
ma ju
አህያ
lü
በግ
yang
የበግ ጠቦት
gao yang

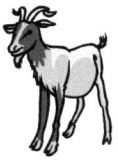

ፍየል

shan yang

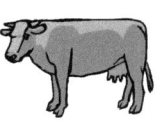

ላም

nai niu

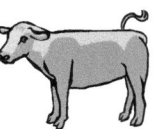

ጥጃ

niu du

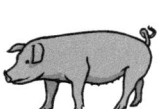

አሳማ

zhu

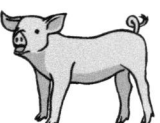

ግልገል አሳማ

xiao zhu

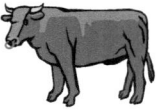

ኮርማ

gong niu

ዝይ

e

ዳክዬ

ya

የዶሮ ጫጩት

xiao ji

ዶሮ

mu ji

አውራ ዶሮ

gong ji

አይጥ

shu

ደድመት

mao

አይጥ

lao shu

በሬ

niu

ውሻ

gou

የውሻ ቤት

gou wu

የአትክልት ቦታ

hua yuan jiao shui ruan guan

ውሃ ማጠጫ ባልዲ

sa shui hu

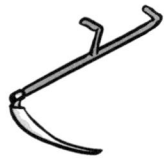

ረጅም ማጭድ

chang bing da lian dao

ማረሻ

li

ማጭድ
lian dao

መኮትኮቻ
chu tou

የእህል መንሽ
chang bing cao pa

መጥረቢያ
fu tou

ኩርኩር/ የእጅ ጋሪ
du lun shou tui che

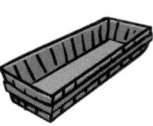

ገንዳ
si liao cao

የወተት ዕቃ
niu nai guan

ጆንያ ከረጢት
ma bu dai

አጥር
zha lan

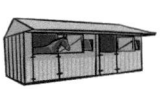

የፈረስ ጋጣ
ma jiu

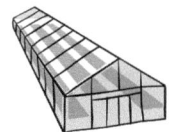

ዕፅዋት ማሳደጊያ የመስታዉት ቤት
wen shi

አፈር
tu rang

ዘር
zhong zi

የመሬት ማዳበሪያ
fei liao

ጥምር ማረሻ
lian he shou ge ji

አዝመራ መሰብሰብ

shou ge

አዝመራ

shou ge

ድንች

shan yao

ስንዴ

xiao mai

ሶያ

da dou

ድንች

tu dou

በቆሎ

yu mi

የከብት መኖ

you cai zi

የፍሬ ዛፍ

guo shu

የካሳቫ ዛፍ

shu shu

እህል

gu wu

ቤት

fang zi

የጪስ ማዉጫ
yan cong
ጣራ
wu ding
አሸንዳ
luo shui guan
መስኮት
chuang hu
ጋራዥ
che ku
የበር ደወል
men ling
በር
men
የቆሻሻ ማጠራቀሚያ
la ji tong
ፖስታ ሳጥን
xin xiang
የአትክልት ቦታ
hua yuan

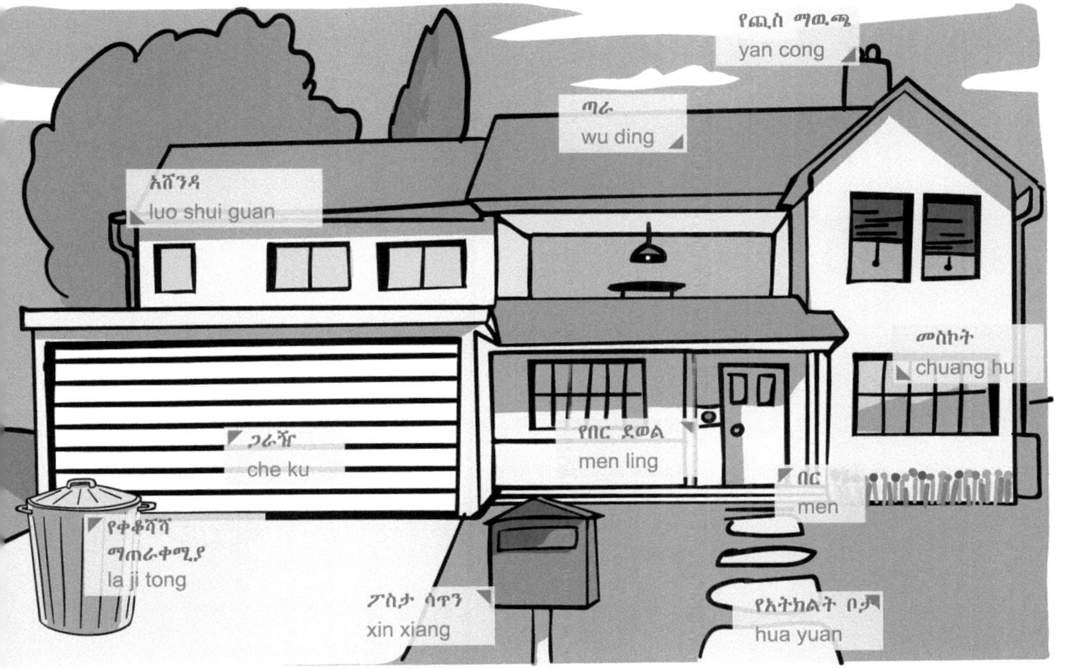

ሳሎን

ke ting

መታጠቢያ ቤት

yu shi

ማድቤት

chu fang

መኝታ ቤት

wo shi

የልጅ ክፍል

er tong fang

መመገቢያ ክፍል

can ting

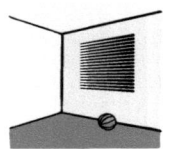

ወለል

di ban

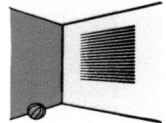

ግድግዳ

qiang bi

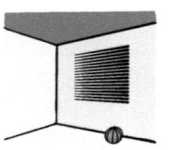

ጣሪያ

diao ding

ምድር ቤት

di jiao

በእንፋሎት ሙቀት መታጠቢያ ቤት

sang na

ሰገነት

yang tai

ከፍ ያለ መደብ

lu tai

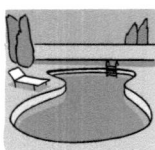

የመዋኛ ገንዳ

you yong chi

የማጨጃ መኪና

ge cao ji

አንሶላ

bei dan

የአልጋ ልብስ

chuang zhao

አልጋ

chuang

መጥረጊያ

sao zhou

ባልዲ

shui tong

ማብሪያና ማጥፊያ

kai guan

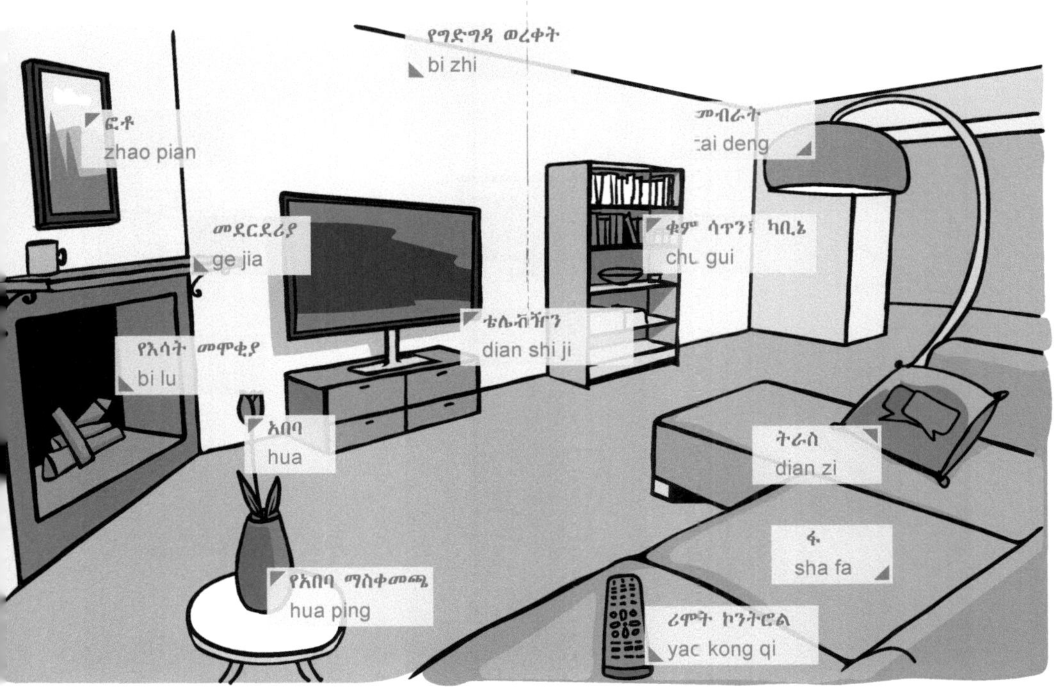

የግድግዳ ወረቀት
bi zhi

ፎቶ
zhao pian

ማብራት
tai deng

መደርደሪያ
ge jia

ቁም ሳጥን፣ ካቢኔ
chu gui

የእሳት መሞቂያ
bi lu

ቴሌቪዥን
dian shi ji

አበባ
hua

ትራስ
dian zi

ፉ
sha fa

የአበባ ማስቀመጫ
hua ping

ሪሞት ኮንትሮል
yac kong qi

ንጣፍ
di tan

መጋረጃ
chuang lian

ጠረጴዛ
can zhuo

ወንበር
yi zi

ተወዛዋዥ ወንበር
yao yi

ባለመደገፊያ ወንበር
fu shou yi

መጽሐፍ

shu

ብርድ ልብስ

tan zi

ጌጥ

zhuang shi pin

ማገዶ

mu chai

ፊልም

dian ying

የሙዚቃ መማጬወቻ

gao bao zhen yin xiang

ቁልፍ

yao shi

ጋዜጣ

bao zhi

ስዕል

you hua

የተለጠፈ ማስታወቂያ እንደ ስዕል

hai bao

ራዲዮ

shou yin ji

ማስታወሻ ደብተር

bi ji ben

የአየር ማፅጃ ለምንጣፍ

xi chen qi

ቁልቋል

xian ren zhang

ሻማ

la zhu

ማድቤት

chu fang

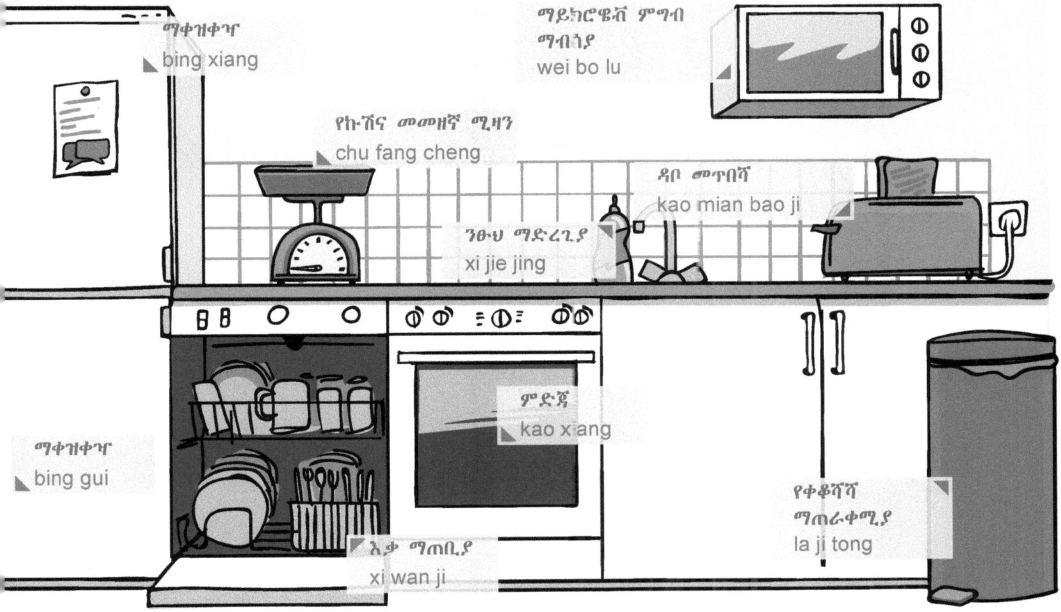
ማቀዝቀዣ
bing xiang
ማይክሮዌቭ ምግብ ማብሰያ
wei bo lu
የኩሽና መመዘኛ ሚዛን
chu fang cheng
ዳቦ መጥበሻ
kao mian bao ji
ንፁህ ማድረጊያ
xi jie jing
ምድጃ
kao xiang
ማቀዝቀዣ
bing gui
የቆሻሻ ማጠራቀሚያ
la ji tong
እቃ ማጠቢያ
xi wan ji

ምግብ አብሳይ

chui ju

ማሰሮ

guo

የብረት ማሰሮ

zhu tie guo

ምግብ ማብሰያ ዝርግ ድስት

sha guo

የምግብ መጥበሻ

ping di guo

ማንቆርቆሪያ

shui hu

የእንፋሎት ማብሰያ

zheng guo

የመጋገሪያ ትሪ

kao pan

ሰብስቦች

tao ci guo

ትልቅ ኩባያ

ma ke bei

ጎድጓዳ ሳህን

wan

ቾፕስቲክስ

kuai zi

ጭልፋ

chang bing shao

መሰቅሰ ያ ዝርግ ማንኪያ

chan zi

ማደባለ ያ

jiao ban qi

መወጠሪያ

lü wang

ወንፊት

shai zi

መፈርፈሪያ መሳሪያ

mo sui ji

ሲሚንቶ

yan bo

የፍም ጥብስ

shao kao

የተለቀቀ እሳት

ming huo

መክተፊያ

cai ban

ተንሸራታች መርፌ

gan mian zhang

የጠርሙስ መክፈቻ

kai ping qi

ጣሳ

guan zi

የጣሳ መክፈቻ

kai ping qi

የማሰሮ መሸፈኛ

ge re shou tao

ሳህን ማጠቢያ

shui cao

ብሩሽ

shua zi

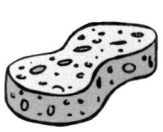

ስፖንጅ

hai mian

መደባለቂያ መሳሪያ

jiao ban ji

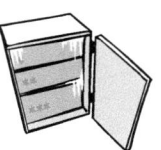

በጣም ማቀዝቀዣ

leng cang xiang

ጡጦ

nai ping

ቧንቧ

shui long tou

መታጠቢያ ቤት

yu shi

ማሞቂያ
gong nuan she bei
ፎጣ
mao jin
መታጠቢያ
የመታጠቢያ ቤት መጋረጃ
yu lian
የአረፋ መታጠቢያ
pao mo yu
የመታጠቢያ ገንዳ
yu gang
ብርጭቆ
bo li bei
የልብስ ማጠቢያ
xi yi ji
ቧንቧ
shui long tou
ማዕዘን ወለል
ci zhuan
ፖፖ
bian hu
ሳህን ማጠቢያ
shui cao

ሽንት ቤት

ce suo

የሽንት ቤት መቀመጫ

dun bian qi

ሳፋ

zuo yu qi

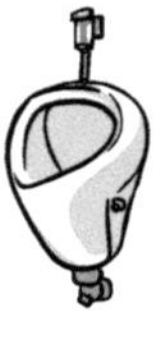

የመንገድ ዳር መሽኛ

xiao bian chi

የሽንት ቤት ወረቀት

ce zhi

የሽንት ቤት ማፅጃ ብሩሽ

ma tong shua

የጥርስ ብሩሽ

ya shua

የጥርስ ሳሙና

ya gao

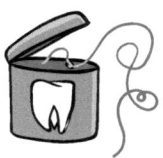

የጥርስ ማፅጃ ክር

ya xian

መታጠብ

xi

የእጅ መታጠቢያ

shou chi shi pen lin tou

መታጠቢያ

chong xi qi

ጎድጓዳ ሳህን

xi lian pen

የጀርባ ብሩሽ

ca bei shua

ሳሙና

fei zao

የመታጠቢያ የሚዝለገለግ ሳሙና

mu yu lu

የፀጉር መታጠቢያ ሳሙና

xi fa shui

ለስላሳ ጨርቅ

fa lan rong

ፍሳሽ

pai shui

ክሬም

ru shuang

ጠረን መቀየሪያ ንጥረ ነገር

chu chou ji

መስታወት

jing zi

የእጅ መስታወት

shou jing

ምላጭ

ti xu dao

የመላጫ አረፋ

ti xu pao mo

ከመላጨት በኋላ የሚቀባ ሽቱ

xu hou shui

ማበጠሪያ

shu zi

ብሩሽ

shua zi

የፀጉር ማድረቂያ

chui feng ji

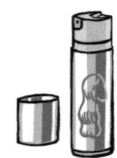

በፀጉር ላይ የሚነፋ

pen fa ding xing ji

የፊት መቀባቢያ

hua zhuang pin

የከንፈር ቀለም

chun gao

የጥፍር ቀለም

zhi jia you

የጥጥ ሱፍ

hua zhuang mian

ጥፍር መቁረጫ

zhi jia jian

ሽቶ

xiang shui

ማጠቢያ ባልዲ

....

xi shu bao

መቀመጫ

....

deng zi

ሚዛን

....

ji zhong cheng

የመታጠቢያ ልብስ

....

yu pao

የላስቲክ ጓንት

....

xiang jiao shou tao

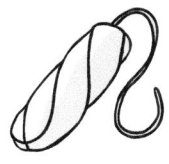

ሞዴስ

....

wei sheng mian tiao

የፅዳት ፎጣ

....

wei sheng jin

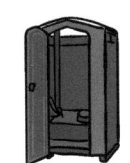

የሽንት ቤት ኬሚካል

....

hua xue ce suo

የልጅ ክፍል

er tong fang

የማንቂያ ደዉል ሰዐት
nao zhong
የህፃን አሻንጉሊት
mao rong wan ju
የመጫወቻ መኪና
wan ju che
ማንገጫገጫ
መጫወቻ
bo lang gu
የአሻንጉሊት ቤት
wan ju wu
ስጦታ
li wu

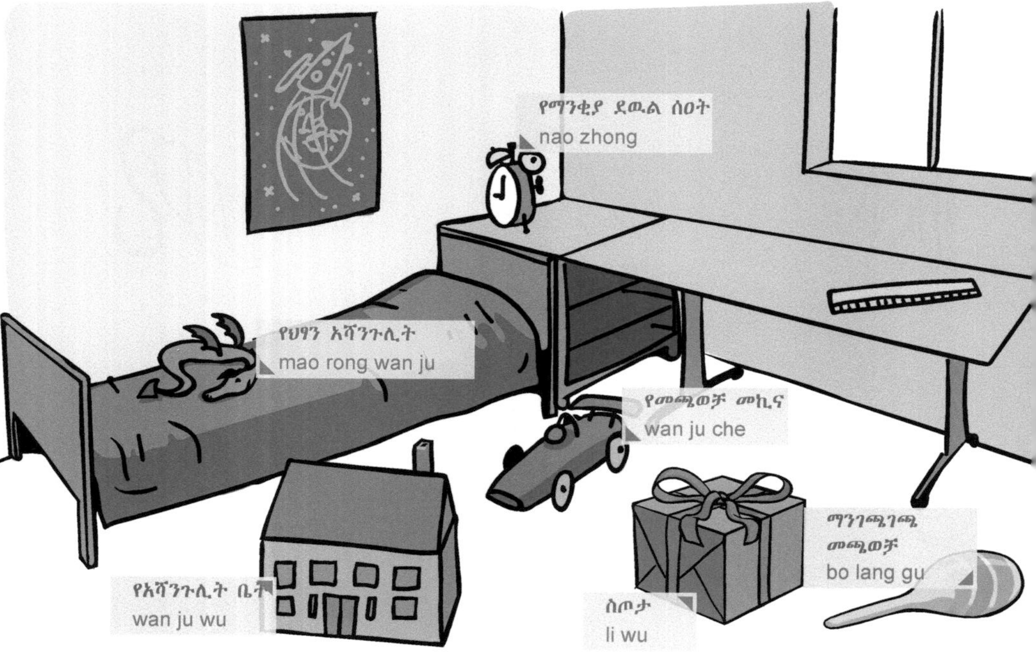

ፊኛ

qi qiu

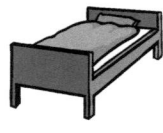

አልጋ

chuang

የህፃን ማንሸራሸሪያ ጋሪ

(yang wa wa yong)ying er che

የካርታ መጫወቻ

pu ke pai

ቁርጥራጭ ምስሎችን የማገጣጠም
እና ምስል የማግኘት ጨዋታ

pin tu

አዝናኝ

man hua

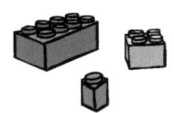

ተገጣጣሚ መጫወቻ
le gao ji mu

የመጫወቻ መገጣጠሚያዎች
ji mu wan ju

የድርጊት ምስል
wan ju ren

የህፃን እድገት
ying er fu

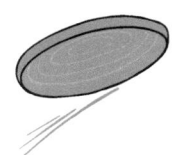

የፕላስቲክ መጫወቻ ዝርግ ሰሀን
fei pan

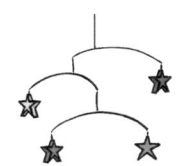

ተወዛዋዥ የህፃን ማጫወቻ
chuang ling wan ju

የሰሌዳ ጨዋታ
qi pan you xi

የመጫወቻ ጠጠር
shai zi

የመጫወቻ ባቡር
huo che mo xing

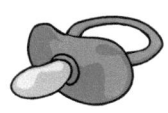

የእንጀራ እናት ጡጦ
an fu nai zui

ድግስ
ju hui

የስዕል መፅሀፍ
hui ben

ኳስ
qiu

አሻንጉሊት
yang wa wa

መጫወት
wan

የአሸዋ መጫወቻ

sha keng

ዥዋዥዌ

qiu qian

መጫወቻዎች

wan ju

የቪዲዮ መጫወቻ

you xi ji

ባለ ሶስት ጎማ ብስክሌት

san lun che

የአሻንጉሊት ድብ

tai di xiong

ቁምሳጥን

yi chu

አልባሳት

yi fu

ካልሲዎች

wa zi

ስቶኪንጎች

chang wa

ታይት

jin shen ku

የአንገት ልብስ
wei jin

ቀበቶ
pi dai

ጃንጥላ
yu san

ክናቴራ
T xu

ስኒከሮች
yun dong xie

ቡቲ
xue zi

የቤት ዉስጥ ነጠላ ጫማ
tuo xie

ነጠላ ጫማዎች
liang xie

ጫማዎች
xie

የዝናብ ቡትስ
yu xue

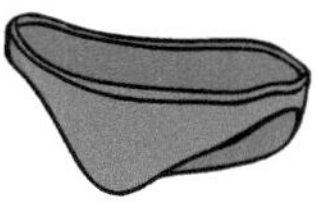

ሙታንታ
nei ku

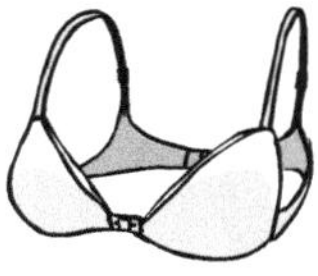

ጡት መያዣ
xiong zhao

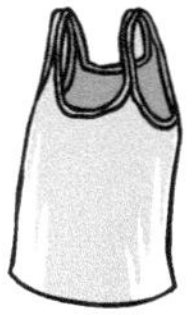

ስደርያ
bei xin

ሰዉነት
shen ti

ሱሪዎች
ku zi

ጅንስ
niu zai ku

ጉርድ ቀሚስ
duan qun

ሸሚዝ
nü shi chen shan

ሸሚዝ
chen shan

የሚጠለቅ ሹራብ
tao tou shan

ሹራብ
wei yi

ዩኒፎርም ጃኬት
xi zhuang jia ke

ጃኬት
jia ke

ኮት
wai tao

የዝናብ ኮት
yu yi

ልብስ
tao zhuang

ቀሚስ
lian yi qun

የሙሽራ ቀሚስ
hun sha

ሱፍ

....

xi zhuang

የለሊት ልብስ

....

shui pao

የለሊት ልብስ

....

shui yi

ረጅም ቀሚስ

....

sha li

ሂጃብ

....

tou jin

ጥምጣም

....

bao tou jin

ቡርቃ

....

bo ka

ሽርጥ

....

ka fu tan

አባያ

....

(a la bo shi)chang pao

የዋና ልብስ

....

yong yi

አጭር ቁምጣ

....

nan shi yong ku

ቁምጣዎች

....

duan ku

የስራ ቱታ

....

yun dong fu

ሽርጥ

....

wei qun

ጓንት

....

shou tao

ቁልፍ

niu kou

መነፅር

yan jing

አምባር

shou lian

የአንገት ሀብል

xiang lian

ለበት

jie zhi

የጆሮ ጌጥ

er huan

ኮፍያ

bian mao

የኮት መስ ያ

yi jia

ኮፍያ

mao zi

ከረቫት

ling dai

ዚፕ

la lian

የብረት ቆብ

tou kui

መደገፊያ

bei dai

የትምህርት ቤት የደንብ ልብስ

xiao fu

የደንብ ልብስ

zhi fu

መሃረብ

wei dou

የእንጀራ እናት ጡጦ

an fu nai zui

ሽንት ጨርቅ

niao bu shi

ቢሮ

ban gong shi

ማስራጫ ጣቢያ
fu wu qi
የፋይል መደርደሪያ ካቢኔ
wen jian gui
የህትመት መሳሪያ
da yin ji
ወረቀት
zhi
መቆጣጠሪያ
xian shi ping
shu biao
መፃፊያ ጠረጴዛ
ማህደር
wen jian jia
jian pan
የቆሻሻ ወረቀት መጣያ ቅርጫት
fei zhi kuang
ኮምፒዉተር
dian nao
ወንበር
yi zi

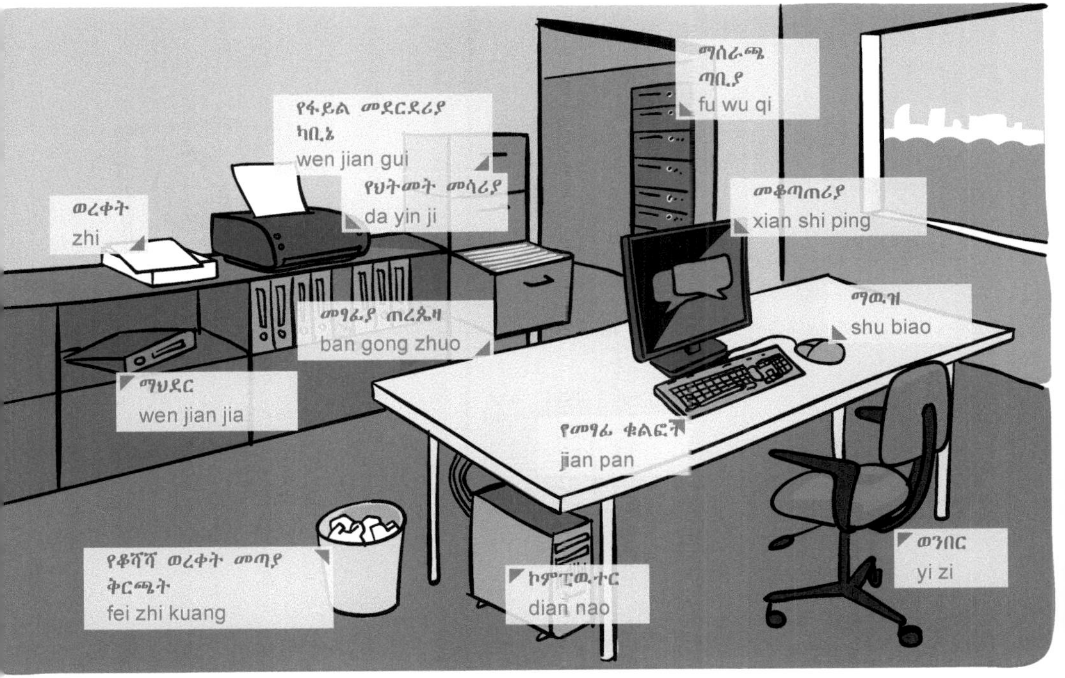

የቡና መጠጫ ትልቅ ኩባያ

ka fei bei

ማስልያ ማሽን

ji suan qi

ኢንተርኔት

yin te wang

ላፕቶፕ

bi ji ben dian nao

ደብዳቤ

xin jian

መልዕክት

xiao xi

ተንቀሳቃሽ ስልክ

shou ji

የግንኙነት አዉታር

wang luo

ማባዣ ማሽን

fu yin ji

ሶፍትዌር

ruan jian

ስልክ

dian hua

የግድግዳ ሶኬት

cha zuo

የፋክስ ማሽን

chuan zhen ji

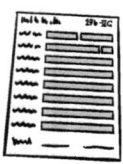

ቅፅ

biao ge

ሰነድ

wen jian

መግዛት
mai

መክፈል
fu qian

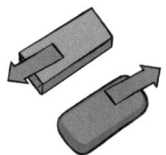

መነገድ
jiao yi

ገንዘብ
xian jin

ዶላር
mei yuan

ዩሮ
ou yuan

የን
ri yuan

ሩብል
lu bu

የስዊዝ ፍራንክ
rui shi fa lang

ሬንሚንቢ ዩዋን
ren min bi

ሩጲ
lu bi

የገንዘብ ነጥብ
ti kuan chu

የዉጭ ገንዘብ ምንዛሪ ቢሮ

wai bi dui huan chu

ወርቅ

jin

ብር

yin

ዘይት

shi you

ሀይል፤ ጉልበት

neng yuan

ዋጋ

jia ge

ግንኙነት

he tong

ቀረጥ

shui jin

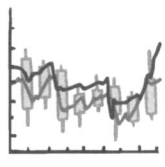

አክስዮን

gu piao

መስራት

gong zuo

ተቀጣሪ

zhi yuan

ቀጣሪ

lao ban

ፋብሪካ

gong chang

ሱቅ

shang dian

የስራ ሙያዎች

zhi ye

የፖሊስ አዛዥ
jing guan
የእሳት አደጋ ሰራተኛ
xiao fang yuan
ምግብ አብሳይ
chu shi
ዶክተር
yi sheng
አብራሪ
fei xing yuan

አትክልተኛ

yuan ding

አናጢ

mu jiang

ልብስ ሰፊ ሴት

cai feng

ዳኛ

fa guan

ቀማሚ

hua xue jia

ተዋናይ

yan yuan

የአዉቶቢስ ሹፌር

gong jiao che si ji

የታክሲ ሹፌር

chu zu che si ji

አሳ አጥማጅ

yu fu

ፅዳት ሰራተኛ

qing jie nü gong

የጣራ ሰራተኛ

wu ding gong

አስተናጋጅ

fu wu yuan

አዳኝ

lie ren

ሰዓሊ

hua jia

ጋጋሪ

mian bao shi

የኤሌትሪክ ሰራተኛ

dian gong

ገምቢ

jian zhu gong ren

መሃሃዲስ

gong cheng shi

ልኳንዳ

tu fu

የቧንቧ ሰራተኛ

shui guan gong

የፖስታ ሰራተኛ

you di yuan

ወታደር

shi bing

መሃንዲስ

jian zhu shi

የሒሳብ ሰራተኛ

shou yin yuan

አበባ ሻጭ

hua nong

የፀጉር ሰራተኛ

li fa shi

ቲኬት ቆራጭ

shou piao yuan

መካኒክ

ji xie shi

ካፒቴን

chuan zhang

የጥርስ ሐኪም

ya yi

ተመራማሪ

ke xue jia

መምህር

la bi

የሙስሊም ሃይማኖታዊ መሪ

yi ma mu

መነኩሴ

he shang

ካህን

mu shi

መሳሪያዎች

gong ju

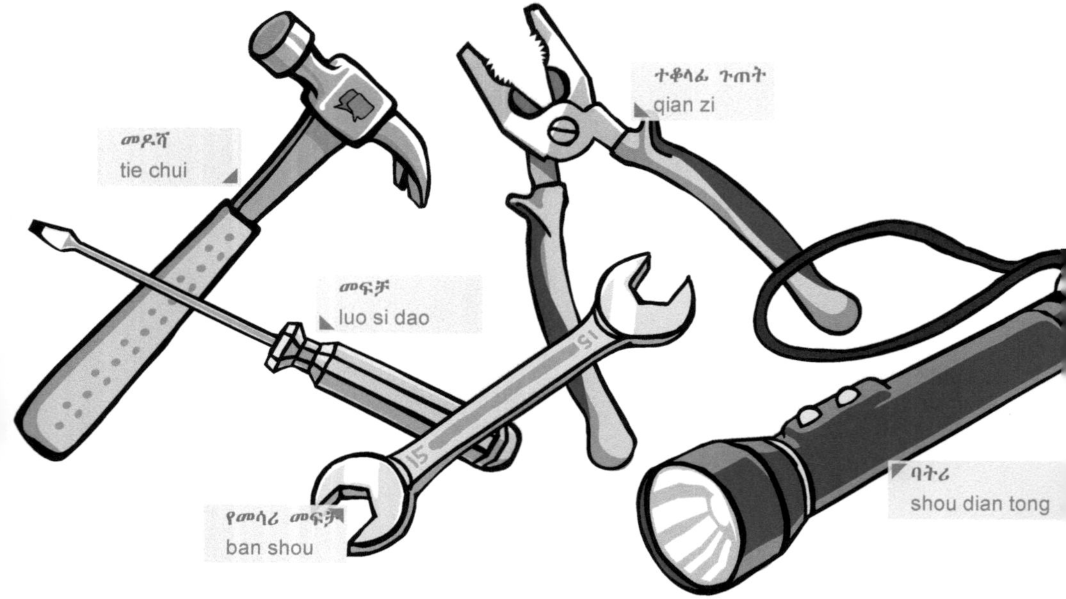

መዶሻ
tie chui
ተቆላፊ ጉጠት
qian zi
መፍቻ
luo si dao
የመሳሪ መፍቻ
ban shou
ባትሪ
shou dian tong

በቁፋሮ የሚዝቅ

wa jue ji

የመፍቻ ሳጥን

gong ju xiang

መሰላል

ti zi

መጋዝ

ju zi

ምስማር

ding zi

መሰርሰሪያ

zuan ji

መጠገን

xiu

አካፋ

chan zi

የተረገመ!

kao!

ቆሻሻ ማፈሻ

bo ji

የቀለም ቆርቆሮ

you qi tong

ብሎን

luo si

የሙዚቃ መሳሪያዎች
yue qi

የድምፅ ማጉያ መሳርያ
yang sheng qi
የከበሮ መሳሪያዎች
ክራር መሰል የሙዚቃ መሳሪያ
ji ta
ድርብ ቤዝ ጊታር
di yin ti qin
የትንፋሽ ሙዚቃ መሳሪያ
xiao hao

ፒያኖ

gang qin

ቫዮሊን

xiao ti qin

ወፍራም፤ ጎርናና ድምፅ ያለዉ
ክራር መሰል ሙዚቃ መሳሪያ

bei si

ነጋሪት

ding yin gu

ከበሮ

gu

በኤሌክትሪክ የሚሰራ ፒኖ

dian zi qin

የትንፋሽ ሙዚቃ መሳሪያ

sa ke si guan

ዋሽንት

chang di

የድምፅ ማጉያ

mai ke feng

የደር እንስሳት ማቆያ

dong wu yuan

lao hu
ሳጥን
long zi
የሜዳ አህያ
ban ma
የእንስሳ ምግብ
dong wu si liao
መግቢያ
ru kou
ትልቅ ድብ
xiong mao

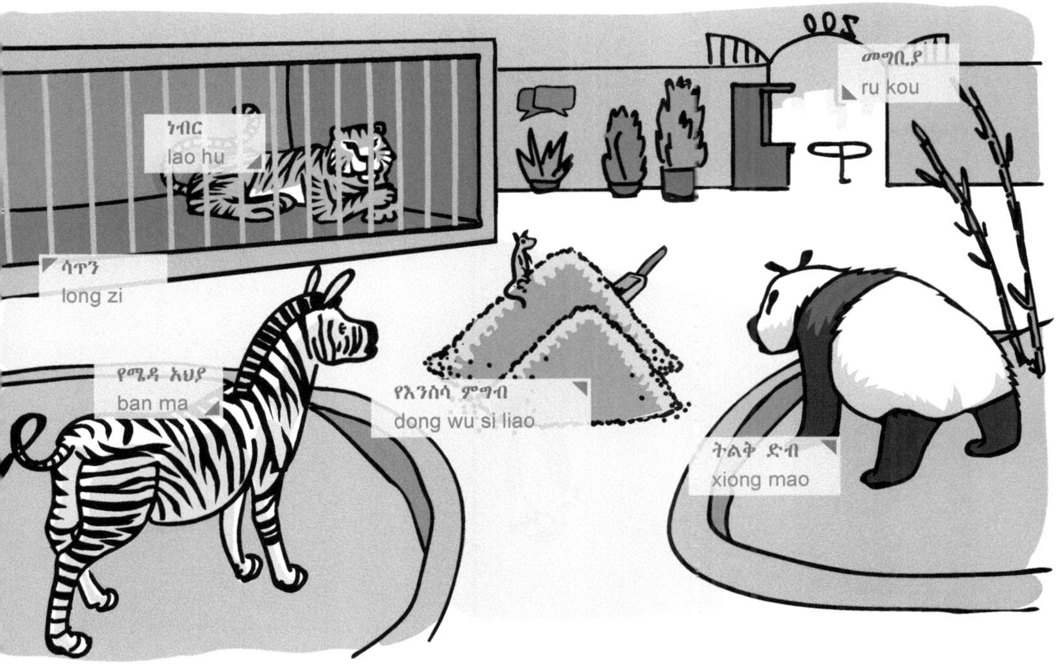

እንስሳቶች

dong wu

ዝሆን

da xiang

ካንጋሮ

dai shu

አዉራሪስ

xi niu

ትልቅ ዝንጀሮ

da xing xing

ድብ

xiong

ግመል

luo tuo

ሰጎን

tuo niao

አንበሳ

shi zi

ጦጣ

hou zi

ቅልጥመ ረዥም ወፍ

huo lie niao

በቀቀን

ying wu

የወዋልታ ድብ

bei ji xiong

የዋልታ ወፎች

qi e

ረጅም ጥርሶች ያሉትአሳ ነባሪ

sha yu

ጣዎስ

kong que

እባብ

she

አዞ

e yu

የዱር አራዊት የሚጠበቁበት ማቆያን የሚጠብቅ

dong wu yuan guan li yuan

አሳ በሊታ የባህር እንስሳ

hai bao

የዱር ድመት

mei zhou bao

ድንክ ፈረስ

....

ai zhong ma

ነብር

....

bao

ጉማሬ

....

he ma

ቀጭኔ

....

chang jing lu

ንስር

....

lao ying

ከርከሮ

....

ye zhu

አሳ

....

yu

የባህር ኤሊ

....

gui

የባህር አዉሬ

....

hai xiang

ቀበሮ

....

hu li

የሜዳ ፍየል፤ ሚዳቋ

....

ling yang

የስፖርት አይነቶች

ti yu

የአሜሪካ እግርኳስ
gan lan qiu
የብስክሌት ስፖርት
qi zi xing che
ቴኒስ
wang qiu
የቅርጫት ኳስ
lan qiu
ዋና
you yong
የበረዶ ላይ የገና ጨዋታ
bing qiu
የቡጢ ስፖርት
quan ji

እግር ኳስ

ying shi zu qiu

የላበ ኳስ ጨዋታ

yu mao qiu

አትሌቲክስ

tian jing

የእጅ ኳስ ስፖርት

shou qiu

የበረዶ መንሸራተት ስፖርት

hua xue

ፈረስ ግልቢያ

ma qiu

እንቅስቃሴዎች

huo dong

መዝለል
tiao
ማቀፍ
yong bao
መሳቅ
xiao
መራመድ
zou lu
chang
ህልም ማለም
zuo meng
መፀለይ
qi dao
መሳም
qin wen

መፃፍ

shu xie

መሳል

hua

ማሳየት

zhan shi

መግፋት

tui

መስጠት

gei

መዉሰድ

na

መያዝ

you

ማድረግ

zuo

መሆን

dang

መቆም

zhan

መሮጥ

pao

መሳብ

la

መወርወር

reng

መዉደቅ

shuai dao

መዋሸት

tang

መጠበቅ

deng dai

መሸከም

xie dai

መቀመጥ

zuo

መልበስ

chuan yi

መተኛት

shui jiao

መንቃት

xing lai

መመልከት

kan

ማለልቀስ

ku

መሜር

fu mo

ማበጠር

shu tou

ማዉራት

jiao tan

መረዳት

ming bai

ጥያቄ

wen

ማዳመጥ

ting

መጠጣት

he

መብላት

chi

ማንፃት

qing li

ማፍቀር

ai

ምግብ ማብሰል

zuo fan

መንዳት

kai che

መብረር

fei

መርከብ መንዳት

hang xing

ቁጥሮችን ማስላት

ji suan

ማንበብ

du

መማር

xue xi

መስራት

gong zuo

ማግባት

jie hun

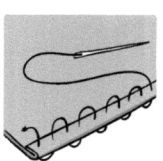

መስፋት

feng

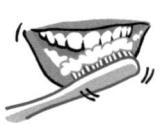

ጥርስ መቦረሽ

shua ya

መግደል

sha

ማጨስ

chou yan

መላክ

ji

የሴት አያት
zu mu

የወንድ አያት
zu fu

አባት
fu qin

እናት
mu qin

ህፃን
ying tong

ሴት ልጅ
nü er

ወንድ ልጅ
er zi

እንግዳ

ke ren

አክስት

a yi

አጎት

shu shu

ወንድም

xiong di

እህት

jie mei

አካል

shen ti

ግንባር
qian e
አይን
yan jing
jian bang
shou zhi
ፊት
lian
አገጭ
xia ba
እጅ
shou
ጡት
ru fang
እግር
tui
ክንድ
shou bi

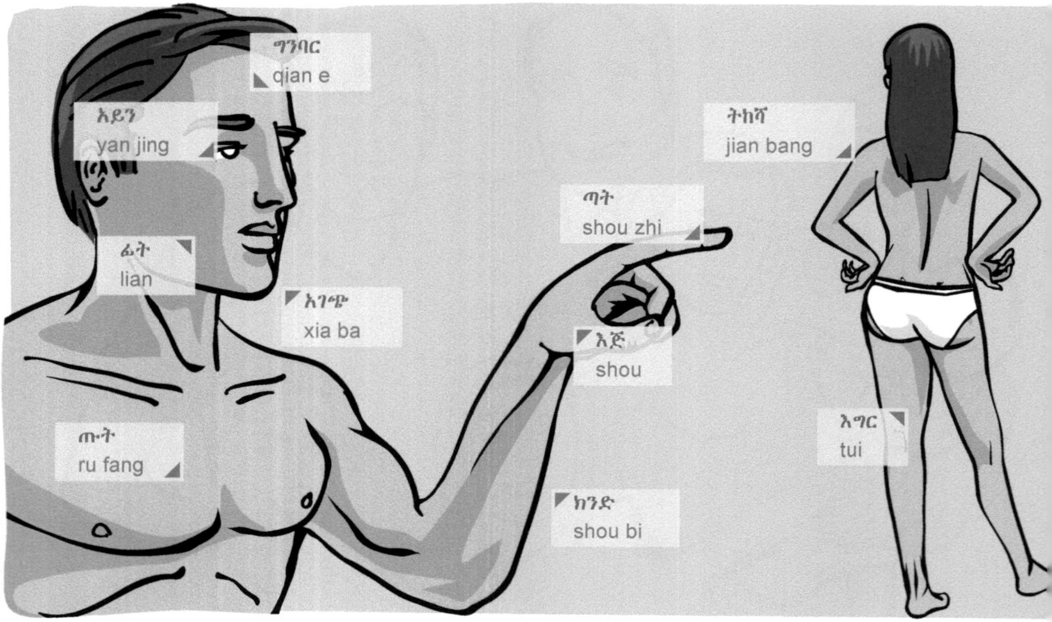

ህፃን

ying tong

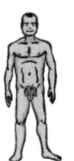

ሰዉ

nan ren

ሴት

nü ren

ልጃገረድ

nü hai

ወንድ ልጅ

nan hai

ራስ

tou

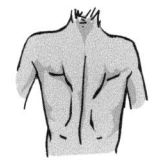

ጀርባ

bei bu

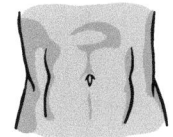

ሆድ

du zi

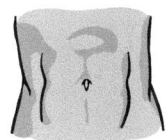

እምብርት

du qi

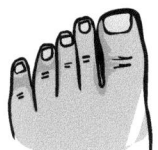

የእግር ጣት

jiao zhi

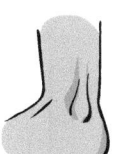

ተረከዝ

jiao hou gen

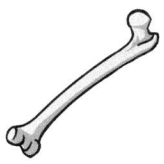

አጥንት

gu tou

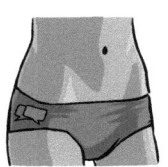

ዳሌ

tun bu

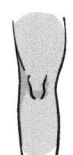

ጉልበት

xi gai

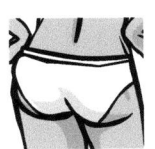

ክርን

shou zhou

አፍንጫ

bi zi

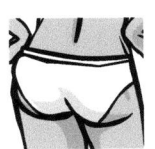

ቂጥ

pi gu

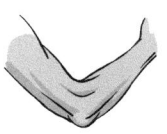

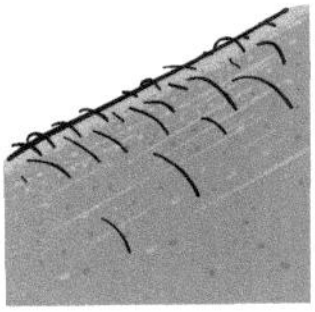

ቆዳ

pi fu

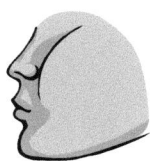

ጉንጭ

lian jia

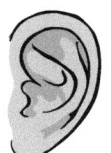

ጆሮ

er duo

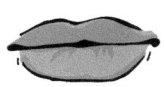

ከንፈር

zui chun

አፍ

zui

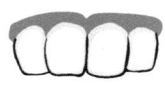

ጥርስ

ya chi

ምላስ

she tou

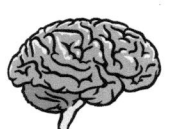

አንጎል

nao

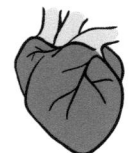

ልብ

xin zang

ጡንቻ

ji rou

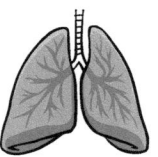

ሳምባ

fei

ጉበት

gan zang

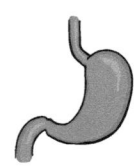

ሆድ

wei

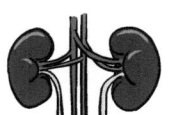

ኩላሊቶች

shen zang

የግብረስጋ ግንኙነት

xing jiao

ኮንዶም

bi yun tao

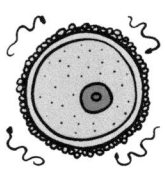

የሴት እንቁላል

luan zi

የዘር ፈሳሻ

jing zi

እርግዝና

huai yun

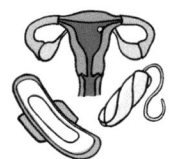

የወር አበባ

yue jing

እምስ

yin dao

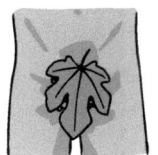

ቁላ

yin jing

ቅንድብ

mei mao

ፀጉር

tou fa

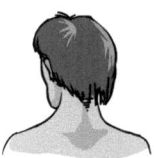

አንገት

bo zi

ሆስፒታል
yi yuan

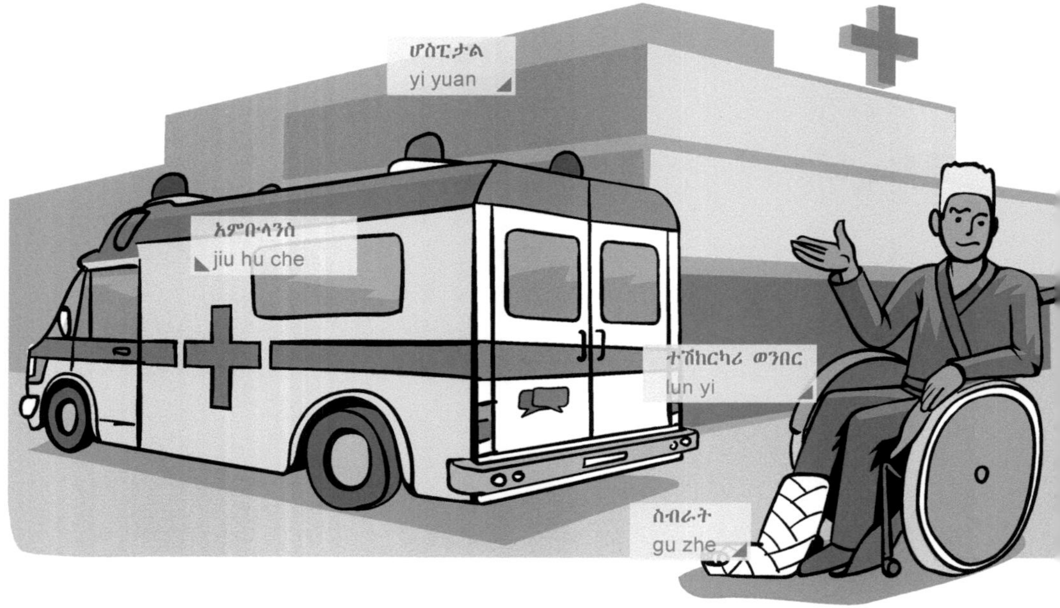

ሆስፒታል
yi yuan
አምቡላንስ
jiu hu che
ተሽከርካሪ ወንበር
lun yi
ስብራት
gu zhe

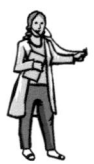

ዶክተር

yi sheng

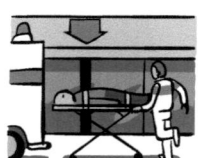

ድንገተኛ ክፍል

ji zhen shi

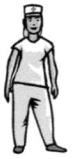

ነርስ

hu shi

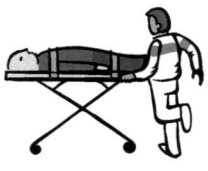

ድንገተኛ

jin ji qing kuang

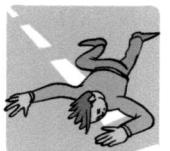

ራስን መሳት/ አለማወቅ

hun mi

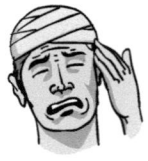

ህመም

tong

ጉዳት

shou shang

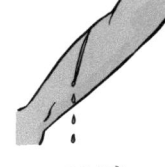

መድማት

chu xue

የልብ ድካም

xin zang bing fa zuo

ስትሮክ

zhong feng

አለርጂ

guo min

ሳል

ke sou

ትኩሳት

fa shao

ኢንፍሎዌንዛ

liu gan

ተቅማጥ

fu xie

የራስ ምታት

tou tong

ካንሰር

ai zheng

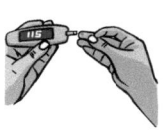

የስኳር በሽታ

tang niao bing

ቀዶ ጠጋኝ ሐኪም

wai ke yi sheng

የቀዶ ጥገና ስለት

shou shu dao

ቀዶ ጥገና

shou shu

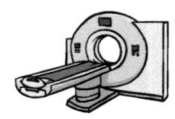

ሲቲ

CT

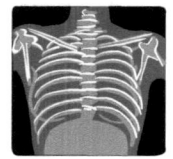

ኤክስሬዩ

X guang

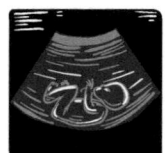

አልትራሳዉንድ

chao sheng bo

የፊት ጭምብል

kou zhao

በሽታ

ji bing

መጠበቂያ ክፍል

hou zhen shi

ምርኩዝ

guai zhang

የቁስል ማሸጊያ

shi gao

ፋሻ

beng dai

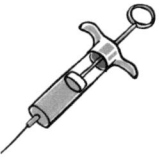

መርፌ

zhu she

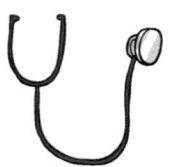

የልብ ምት ማዳመጫ መሳሪያ

ting zhen qi

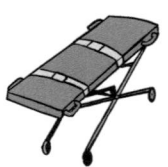

የበሽተኛ አልጋ

dan jia

የህክምና ሙቀት መለኪያ መሳሪያ

ti wen ji

መውለድ

chu sheng

ከልክ ያለፈ ክብደት

chao zhong

ለመስማት የሚረዳ መሳሪያ

....

zhu ting qi

ፀረ ተባይ መድሀኒት

....

xiao du ye

ማመርቀዝ

....

gan ran

ቫይረስ

....

bing du

ኤች አይቪ ኤድስ

....

ai zi bing

ህክምና

....

yao wu

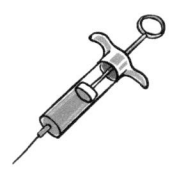

ክትባት

....

jie zhong yi miao

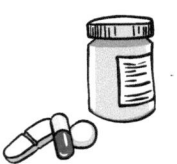

ኪኒን

....

yao pian

ኪኒን

....

yao wan

አስቸኳይ የስልክ ጥሪ

....

ji jiu dian hua

ደም ግፊት መቆጣጠሪያ

....

xue ya ji

ህመም/ ጤንነት

....

sheng bing/jian kang

ድንገተኛ

jin ji qing kuang

እርዳታ!

jiu ming!

ማንቂያ ደዉል

jing bao

ጥቃት

tu ji

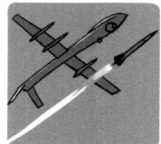

ድብደባ

gong ji

አደጋ

wei xian

የድንገተኛ መዉጫ

jin ji chu kou

እሳት!

zhao huo la!

እሳት ማጥፊያ

mie huo qi

አደጋ

yi wai

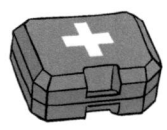

የመጀመሪያ እርዳታ መድሃኒት መያዣ

ji jiu xiang

ነፍስ አድን

hu jiu xin hao

ፖሊስ

jing cha

አዉሮፓ

ou zhou

ሰሜን አሜሪካ

bei mei zhou

ደቡብ አሜሪካ

nan mei zhou

አፍሪካ

fei zhou

እስያ

ya zhou

አዉስትራሊያ

ao zhou

አትላንቲክ

da xi yang

ፓስፊክ

tai ping yang

የህንድ ዉቅያኖስ

yin du yang

አንታርክቲክ ዉቅያኖስ

nan bing yang

አርክቲክ ዉቅያኖስ

bei bing yang

ሰሜን ዋልታ

bei ji

ደቡብ ዋልታ
....
nan ji

አንታርክቲካ
....
nan ji zhou

ምድር
....
di qiu

መሬት
....
lu di

ባህር
....
hai

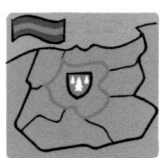

ደሴት
....
dao

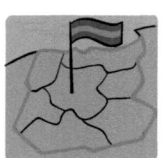

አገርና ህዝብ
....
guo jia

መንግስት
....
guo jia

ሰዓት

zhong biao

የሰዓት ገፅታ

zhong mian

ሰዓት

shi zhen

ደቂቃ

fen zhen

ሴኮንድ

miao zhen

ስንት ሰዓት ነው?

xian zai ji dian?

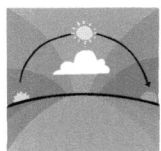

ቀን

tian

ጊዜ

shi jian

አሁን

xian zai

የቁጥር ሰዐት

dian zi biao

ደቂቃ

fen

ሰዓታት

shi

zhou

ሰኞ
zhou yi

ረቡዕ
zhou san

ኣርብ
zhou wu

ማክሰኞ
zhou er

ሐሙስ
zhou si

ቅዳሜ
zhou liu

እሁድ
zhou ri

ላን
....
zuo tian

ሬ
....
jin tian

ነገ
....
ming tian

ማለዳ
....
zao chen

ቀ ር
....
zhong wu

ምሽ
....
wan shang

የስራ ቀና
....
gong zuo ri

የዕረፍ ቀና
....
zhou mo

ዝናብ
yu
ቀስተ ዳመና
cai hong
ጥጥ የሚመስል አመዳይ
በረዶ
xue
feng
ፀደይ
chun
መኸር
qiu
በጋ
xia
ክረምት
dong

4.APRIL 11°
5.APRIL 4°
6.APRIL 13°
7.APRIL 8°
8.APRIL 10°

የአየር ሁኔታ ትንበያ

....

tian qi yu bao

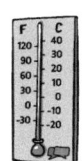

F
C
0
10
0
-10

የሙቀት መለኪያ

....

wen du ji

የፀሀይ ሙቀት

....

yang guang

ደመና

....

yun

ጭጋግ

....

wu

እርጥበታማነት

....

chao shi

መብረቅ
shan dian

ነጎድጓድ
da lei

አዉሎ ንፋስ
feng bao

የበረዶ ዝናብ
bing bao

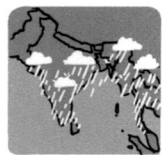

አዉሎ ንፋስ
ji feng

ጎርፍ
hong shui

በረዶ
bing

ጥር
yi yue

የካቲት
er yue

መጋቢት
san yue

ሚያዚያ
si yue

ግንቦት
wu yue

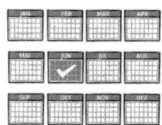

ሰኔ
liu yue

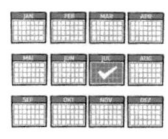

ሐምሌ
qi yue

ነሀሴ
ba yue

መስከረም

jiu yue

ጥቅምት

shi yue

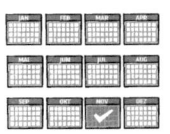

ህዳር

shi yi yue

ታህሳስ

shi er yue

ቅርፆች

xing zhuang

ክብ

yuan xing

አራት ማዕዘን

zheng fang xing

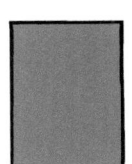

አራት ቀጥተኛ ማዕዘኖች ጎኖች ያሉት ቅርፅ

chang fang xing

ሶስት ማዕዘን

san jiao xing

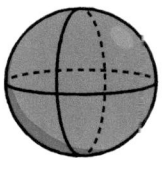

ሉል

qiu ti

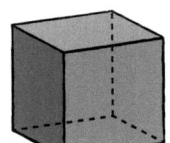

ስድስት ጎን ያለዉ ቅርፅ

li fang ti

ቀለማት

yan se

ነጭ

bai

ቢጫ

huang

ብርቱካናማ

cheng

ሮዝ

fen

ቀይ

hong

ወይን ጠጅ

zi

ሰማያዊ

lan

አረንጓዴ

lü

ቡኒ

zong

ግራጫ

hui

ጥቁር

hei

ብዙ/ ጥቂት

hen duo/shao xu

ንዴት/ እርጋታ

sheng qi/ping jing

ቆንጆ/ አስቀያሚ

mei/chou

ጅማሬ/ ፍፃሜ

shou/wei

ትልቅ/ ትንሽ

da/xiao

ደማቅ/ ደብዛዛ

ming/an

ወንድም/ እህት

xiong di/jie mei

ንፁህ/ ቆሻሻ

gan jing/ang zang

የተሟላ/ ያልተሟላ

wan zheng/que shi

ቀን/ ምሽት

bai tian/wan shang

የሞተ/ ህያዉ

si/sheng

ሰፊ/ ጠባብ

kuan/zhai

የሚበላ/ የማይበላ

ke shi yong/fei shi yong

ክፉ/ ደግ

xie e/shan liang

ደስተኛ/ ድብርተኛ

xing fen/wu liao

ወፍራም/ ቀጭን

pang/shou

መጀመርያ/ መጨረሻ

di yi/zui hou

ጓደኛ/ ጠላት

peng you/di ren

ሙሉ/ ጎዶሎ

man/kong

ጠንካራ/ ለስላሳ

ying/ruan

ከባድ/ ቀላል

zhong/qing

ረሃብ/ ጥማት

e/ke

ህመም/ ጤንነት

sheng bing/jian kang

ህገወጥ/ ህጋዊ

fei fa/he fa

ጎበዝ/ ደደብ

cong ming/yu ben

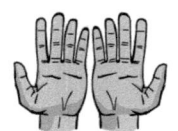

ግራ/ ቀኝ

zuo/you

ቅርብ/ ሩቅ

jin/yuan

አዲስ/ አሮጌ

xin/jiu

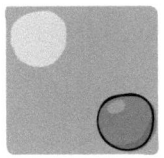

ምንም/ የሆነ ነገር

mei you/you xie

ሽማግሌ/ ወጣት

lao/you

የበራ/ የጠፋ

kai/guan

ክፍት/ ዝግ

da kai/he shang

ፀጥታ/ ጫጫታ

an jing/chao nao

ሃብታም/ ደሃ

fu/qiong

ትክክለኛ/ የተሳሳተ

dui/cuo

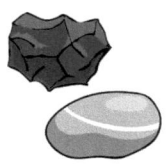

ሻካራ/ ለስላሳ

cu cao/guang hua

ሐዘን/ ደስታ

shang xin/gao xing

አጭር/ ረዥም

duan/chang

ዝግተኛ/ ፈጣን

man/kuai

እርጥብ/ ደረቅ

shi/gan

ሞቃት/ ቀዝቃዛ

wen nuan/liang shuang

ጦርነት/ ሰላም

zhan zheng/he ping

ተቃራኒዎች - fan yi ci

ቁጥሮች

shu zi

0

ዜሮ

ling

1

አንድ

yi

2

ሁለት

er

3

ሶስት

san

4

አራት

si

5

አምስት

wu

6

ስድስት

liu

7

ሰባት

qi

8

ስምንት

ba

9

ዘጠኝ

jiu

10

አስር

shi

11

አስራ አንድ

shi yi

12

አስራ ሁለት

shi er

13

አስራ ሶስት

shi san

14

አስራ አራት

shi si

15

አስራ አምስት

shi wu

16

አስራ ስድስት

shi liu

17

አስራ ሰባት

shi qi

18

አስራ ሰስምንት

shi ba

19

አስራ ዘጠኝ

shi jiu

20

ሃያ

er shi

100

መቶ

bai

1.000

ሽህ

qian

1.000.000

ሚሊዮን

bai wan

ቋንቋዎች

yu yan

እንግሊዝኛ

ying yu

የአሜሪካ እንግሊዝኛ

mei shi ying yu

የቻይና ማንዳሪን

pu tong hua

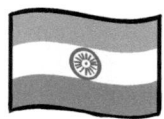

ሂንዱ

yin di yu

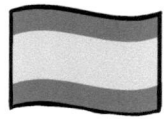

ስፓኒሽ

xi ban ya yu

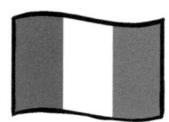

ፍሬንች

fa yu

አረብኛ

a la bo yu

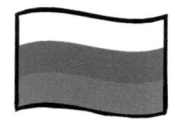

ራሺያኛ

e yu

ፖርቱጊዝ

pu tao ya yu

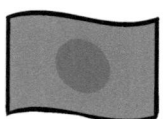

ቤንጋሊ

feng jia la yu

ጀርመን

de yu

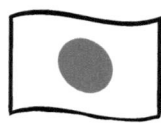

ጃፓንኛ

ri yu

shei / shen me / zen yang

እኔ

wo

አንተ

ni

እሱ/ እርሷ/ እቃዉ

ta/ta/ta

እኛ

wo men

አንተ

ni men

እነርሱ

ta men

ማን?

shei?

ምን?

shen me?

እንዴት?

zen yang?

የት?

na li?

መቼ?

shen me shi hou?

ስም

ming zi

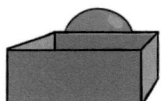

የት

fang wei

በስተጀርባ

hou mian

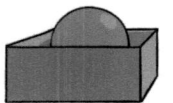

ዉስጥ

li mian

ከፊት ለፊት

qian mian

ከላይ

shang fang

ላይ

shang mian

ከስር

xia mian

አጠገብ

pang bian

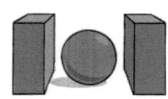

መሃከል

zhong jian

ቦታ

di dian